ANSELM GRÜN

Entdecke

DAS HEILIGE IN DIR

**Taschen-
seminar**
zum Nachdenken
und Weiter-
wachsen

Vier-Türme-Verlag

Die Mystiker wissen, dass in jedem von uns ein heiliger Raum ist, zu dem die Gedanken und Emotionen keinen Zutritt haben.

Liebe Leserin, lieber Leser,

in letzter Zeit wurde ich immer wieder auf das Heilige angesprochen, vor allem auf die Frage: Wie kann ich »heilig« werden? In dieser etwas ungewöhnlichen Frage drückt sich für mich die Sehnsucht aus, nicht einfach im Weltlichen aufzugehen, sondern mitten in der Welt etwas in sich zu finden, das über diese Welt hinausgeht – unverbraucht, ganz und heil. Die Mystiker wissen, dass in jedem von uns ein heiliger Raum ist, ein Raum der Stille, zu dem die Gedanken und Emotionen keinen Zutritt haben. In diesem inneren Heiligtum wohnt Gott in uns. Dort sind wir heil und ganz, frei von der Macht der Menschen, von ihren Erwartungen und Ansprüchen, ihren Urteilen und Verurteilungen. Dort, wo Gott in uns wohnt, kommen wir in Einklang mit uns selbst, herrscht der Friede Gottes.

Viele fragen mich immer wieder: Wie komme ich in Berührung mit diesem Heiligen in mir? Ich kann diesen Raum immer nur einen Augenblick erfahren. Im nächsten Augenblick spüre ich nichts mehr davon. Für mich ist hier die Meditation ein Weg. Ich lasse mich dabei in diesen inneren Raum der Stille führen. Manchmal spüre ich ihn. Aber auch wenn ich ihn nicht spüre, gibt mir das Bild dieses inneren Heiligtums ein Gespür von Freiheit und Weite, von Heiligem und Heilem. Mitten im Trubel der Arbeit weiß ich dann: Es gibt etwas in mir, zu dem die Konflikte des Alltags nicht vordringen können. Das Heilige in mir ist dem Zugriff der Welt entzogen. Diese Vorstellung ändert mein Gefühl: Ich fühle mich nicht mehr bedroht von der bedrängenden Nähe der Probleme und Konflikte und von der Nähe fordernder Menschen. Allein die Ahnung von dem Heiligen in mir schützt mich vor dem Unheil der Welt. Es ist wie ein innerer Zufluchtsort, in den ich mich immer wieder zurückziehen kann.

Dieses Buch soll eine Einladung an dich, lieber Leser, sein, um dem Heiligen in deinem Leben auf die Spur zu kommen. Ich möchte dir ein paar wichtige Fragen stellen, und wenn du magst, ist hier viel Platz, um sie für dich zu beantworten. Ich möchte dir auch ein paar Impulse mit auf den Weg geben – du kannst sie mit in deinen Tag nehmen oder sie als Aufhänger nutzen, um darüber mit einem anderen Menschen ins Gespräch zu kommen. Und schließlich würde ich mich freuen, wenn meine Anregungen und Fragen dazu führen, dass du einfach weiterdenkst und deine ganz eigenen Lösungen und Antworten findest, die genau auf dein Leben passen. Wenn du magst, kannst du auch diese hier eintragen. Dann kann dir das Buch vielleicht zu einem wichtigen Wegbegleiter werden, in das du immer wieder gerne hineinschaust, das du ergänzt und weiterschreibst, bis es ganz zu deinem Buch geworden ist.

Herzlichst, dein

P. Anselm Grün

DER BEGRIFF
DES HEILIGEN

Für die Israeliten ist Jahwe der Heilige. Und alles, was mit Jahwe zu tun hat, ist heilig. Heiligkeit ist mit Glanz und Schönheit verbunden. Das Heilige glänzt. Der heilige Glanz Gottes ist der sichtbare Reflex Gottes in der Welt. Als Mose mit Gott auf dem Berg Sinai spricht, da glänzt sein Angesicht vom göttlichen Licht.

Manchmal unterhalten wir uns und der andere erzählt von einer besonderen Begegnung, einem besonderen Moment, etwas, das ihn tief berührt hat. Dann leuchtet plötzlich etwas auf in seinen Augen, auf seinen Zügen, ein Glanz, der nicht von der Sonne, sondern aus ihm heraus zu kommen scheint.

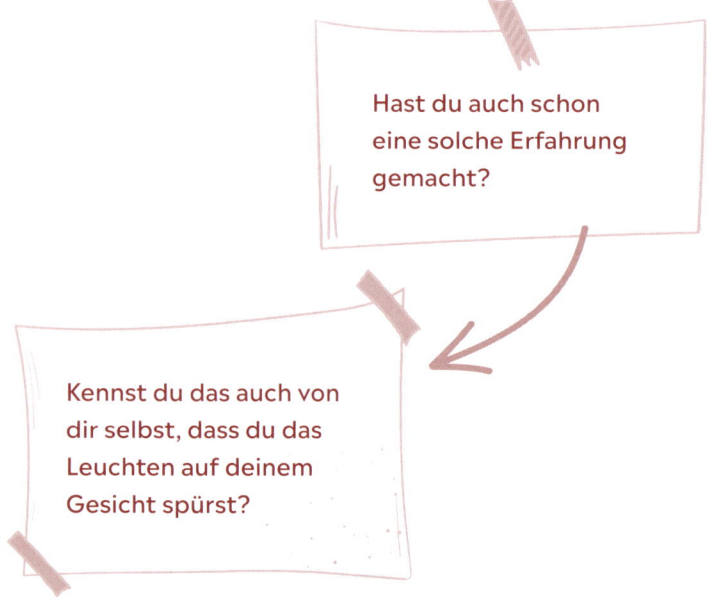

Hast du auch schon eine solche Erfahrung gemacht?

Kennst du das auch von dir selbst, dass du das Leuchten auf deinem Gesicht spürst?

Hier ist Platz, um deine Gedanken
dazu aufzuschreiben.

In unserer Zeit hat vor allem Rudolf Otto den Begriff des Heiligen in den Mittelpunkt seiner Religionsphilosophie gestellt. Für ihn ist das Heilige das Faszinierende und zugleich das Furchteinflößende, das uns erschauern macht, das Fascinosum und das Tremendum. Das Heilige hat immer diese Spannung: Es ist faszinierend. Es strahlt etwas aus, das mich begeistert und anzieht. Aber ich kann vor dem Heiligen auch erschrecken. Gott kann mir in die Knochen fahren. Das Heilige wühlt mich auf.

Was löst in dir dieses Gefühl von gleichzeitigem Schrecken und Faszination aus?

Kennst du eine Situation, einen Moment, in dem dir das bewusst geworden ist?

HEILIGE
RÄUME

Als Mose sich dem Dornbusch nähert, sagt Gott zu ihm: »Komm nicht näher heran! Leg deine Schuhe ab; denn der Ort, wo du stehst, ist heiliger Boden« *(Exodus 3,5).* Viele lächeln heute über diese für sie primitive Anschauung, dass es besondere »heilige« Räume geben solle. Dem aufgeklärten Menschen ist der Raum einfach Raum. Gott ist überall. Er braucht keine Kirchen und abgesonderten Bezirke. Doch wenn wir in unsere Zeit schauen, suchen auch heute Menschen nach besonderen Orten. Manchen ist die Heimat heilig, manchen der Ort, an dem sie sich verliebt haben. Andere suchen nach Orten, die eine gute Strahlung oder Schwingung haben, nach Kraftorten, an denen sie auftanken können.

Was ist ein solcher besonderer oder heiliger Ort für dich?

Welche Orte in deinem Leben sind dir »heilig«?

Das Haus ist wie eine schützende Hülle
für den Leib und die Seele. Es ist der Ort,
in dem wir wohnen. »Wohnen« heißt
ursprünglich »Behagen empfinden, zufrie-
den sein, Gefallen finden, sich gewöhnen«.
Das Haus ist der Raum, in dem wir den inneren und äußeren Frieden finden, in dem
wir daran Gefallen finden zu leben, zu sein.
In unserer Wohnung richten wir es uns
»behaglich« ein. Doch wir spüren, dass
wir unser Haus schützen müssen, damit
es wirklich der behagliche Raum wird, an
dem wir Gefallen finden, in dem wir zu
Hause sind.

Wenn du das nächste Mal dein Haus, deine Wohnung betrittst, dann tu dies einmal ganz bewusst.

 Öffne die Tür und überschreite ganz bewusst die Schwelle. Versuche dabei, alles hinter dir zu lassen, was dich von »draußen« her noch bewegt: das letzte Gespräch, die unerledigten Dinge bei der Arbeit, der lange Heimweg durch den Nieselregen …

 Tritt in den geschützten Raum deiner Wohnung ein und komm bewusst bei dir an.

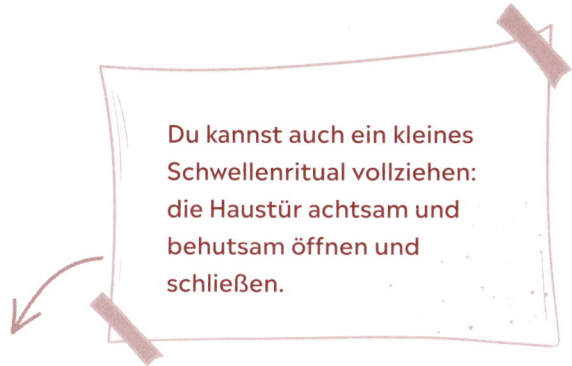

Du kannst auch ein kleines Schwellenritual vollziehen: die Haustür achtsam und behutsam öffnen und schließen.

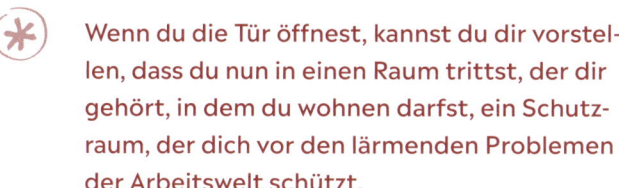 Wenn du die Tür öffnest, kannst du dir vorstellen, dass du nun in einen Raum trittst, der dir gehört, in dem du wohnen darfst, ein Schutzraum, der dich vor den lärmenden Problemen der Arbeitswelt schützt.

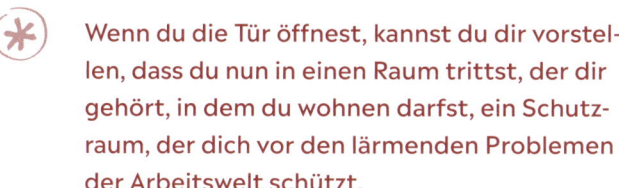 Wenn du die Tür schließt, kannst du dir vorstellen, dass du mit der Haustür auch das Tor deines inneren Heiligtums verschließt.

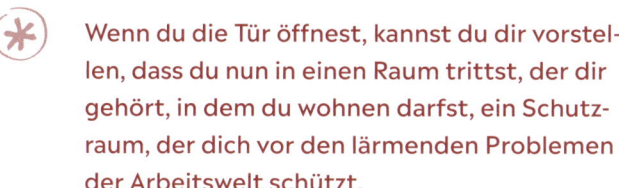 Wenn du in die Welt mit ihren Problemen gehst, ist in dir doch noch ein geschützter Raum, zu dem die Welt keinen Zutritt hat, ein Raum, in dem Gott selbst in dir wohnt und in dem du ganz du selbst sein kannst.

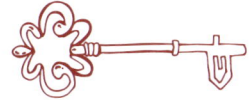

Wenn du magst, kannst du hier deine
Erfahrungen mit den beiden Ritualen
aufschreiben.

Versuche einmal, diesen inneren, heiligen Raum in dir zu finden.

 Setze dich dazu ruhig hin und versuche dir vorzustellen, wie dich dein langsames Ausatmen hineinführt in den inneren Raum, in dem es ganz still ist. Dieser Raum der Stille ist schon in dir. Du musst ihn nicht schaffen. Aber oft bist du davon abgeschnitten. Der Ort des Schweigens ist durch eine dicke Betonschicht überlagert, die dich daran hindert, ihn zu spüren.

 Wenn du lange genug ganz in deinem Atem bist, kannst du manchmal spüren, wie diese Beton-schicht durchbohrt wird und du den inneren Raum der Stille erfährst. Es ist der Raum des Heiligen, der Raum, in dem Gott, der Heilige, selbst in dir wohnt. Dort, wo Gott in dir ist, bist du schon heil und ganz. Dort haben die Verlet-zungen keinen Zutritt.

Vielleicht hilft es dir, die Hände über der Brust zu verschränken. Es ist, als ob du die Tür deines Herzens verschließt, damit der Lärm von außen nicht in die heilige Kammer deines Herzens eindringen kann. Du schützt mit dieser Gebärde das Allerheiligste im eigenen Herzen. Du kannst dir vorstellen, dass du etwas Kostbares in dir trägst, das Heilige, den Heiligen, Gott selbst. Dann ahnst du vielleicht, dass dort, wo Christus in dir ist, alles heil ist und ganz. Dort können die Sorgen nicht an dir nagen. Dort können die Nadelstiche der Mitmenschen dich nicht treffen. Dort kann dich nichts kränken. Selbst wenn du krank bist, ist in dir der heilige und heile Raum. Von diesem heilen Raum her relativiert sich deine Krankheit. Sie hat dich nicht mehr im Griff. Du bist nicht als Ganzer krank. Im Kern bist du gesund und heil, weil er eingetaucht ist in das Heilige.

Konntest du deinen inneren Raum
der Stille finden?
Hier kannst du deine Erfahrungen
mit dieser Übung aufschreiben.

HEILIGE ZEITEN

Die Menschen haben ein Gespür für heilige Zeiten. Der Urlaub ist den meisten heilig. Manche verwenden viel Fantasie darauf, ihn kreativ zu gestalten. Sie nehmen sich Zeit für Stille, für bewusstes Wahrnehmen fremder Länder, fremder Kulturen und unbekannter Landschaften. Sie möchten den Urlaub bewusst als Freiraum genießen, in dem sie sich erlauben so zu sein, wie sie es im Tiefsten ihres Herzens sein möchten.

Einige halten ihre stille Zeit heilig, mit der sie am Morgen den Tag beginnen. Für andere gibt es ab und zu einen Wüstentag, in dem sie sich bewusst frei nehmen und sich einfach dem Unbekannten aussetzen, dem Heiligen, nach dem sie sich in der Tiefe ihres Herzens sehnen. Für wieder andere ist die Zeit des Joggens oder des Schwimmens heilig. Sie versuchen, sich unbedingt eine Zeit dafür zu reservieren.

Was ist deine heilige Zeit? Was lässt du dir von niemandem nehmen – von keiner Ausrede, von keinem fremden Bedürfnis, von keinem anderen Termin?

Was fühlst du in dieser heiligen Zeit? Warum ist sie dir so wichtig? Was macht sie zur heiligen Zeit?

Es gibt heute durchaus das Gefühl für
die heilige Zeit. Nur hat das Heilige an
numinoser Qualität verloren. Es ist einfach
nur die Zeit, die ich für mich brauche.
Und dennoch ist auch in diesem Gespür,
dass ich für mich eine Zeit brauche, die
für andere unantastbar ist, die »tabu«
ist, noch etwas vorhanden von dem, was
ursprünglich mit »heilig« gemeint ist.
Heilig ist das Abgesonderte, das Unantast-
bare, das Abgegrenzte. Und vielleicht ist da
auch eine Ahnung, dass diese Zeit nicht nur
mir guttut, sondern dass sie mich für etwas
öffnet, was meinen Alltag übersteigt, für
das Geheimnis des Lebens, letztlich für das
Geheimnis Gottes.

Hast du schon einmal in einem Moment, der für dich eine heilige Zeit war, gespürt, dass da ein »Mehr« ist? Dass du etwas erlebst, das über dich hinausgeht?

Schon in der Antike gab es den Siebener-
rhythmus, dass man sechs Tage arbeitete
und am siebten Tag ruhte. Die Juden haben
den Sabbat als Ruhetag hochgeschätzt. Er
war für sie Teilhabe an der Ruhe Gottes,
der in sechs Tagen die Welt erschuf und
am siebten Tag ausruhte. »Gott segnete
den siebten Tag und erklärte ihn für heilig;
denn an ihm ruhte Gott, nachdem er das
ganze Werk der Schöpfung vollendet hatte«
(Genesis 2,3).
Die Christen feiern anstelle des Sabbats
den Sonntag. Sie gedenken an jedem Sonntag der Auferstehung Jesu und wissen den
Auferstandenen in ihrer Mitte.

Vielleicht kannst du den Sonntag nicht als Ruhetag feiern, weil du im Schichtdienst arbeitest oder in einem Beruf, bei dem du auch an den Wochenenden einsatzbereit sein musst. Hast du dennoch einen Ruhetag oder eine feste Ruhezeit, in der du Kraft schöpfen kannst?

Wie sieht ein solcher Tag idealerweise für dich aus?

Was muss, was kann dann sein?

MUSS

KANN

Neben dem Sonntag bzw. dem Wochenrhythmus gibt es aber auch noch andere Rhythmen, die unser Leben mal mehr, mal weniger beeinflussen: Jahreszeiten, Feste im Jahreskreis, Tag und Nacht, Mondphasen ...

Welcher »Rhythmustyp« bist du?

☐ Es wird dunkel? Dann mach ich eben Licht an. Es wird Winter? Ab in den Süden! Ich lebe meinen eigenen Rhythmus.

☐ Für mich sind die Feste im Jahr und die Jahreszeiten wie Anker in meinem Leben: etwas, worauf ich mich freuen kann, weil dann nicht jeden Tag Alltag ist.

☐ Ich mag es nicht, wenn mir die Geschäfte oder die Werbung vorgeben, was »man« gerade tun oder feiern sollte. Aber eine Struktur brauche ich – in meinem Alltag wie in meiner Freizeit.

☐ Weihnachtsmärkte finde ich spießig, genau wie Eierfärben zu Ostern und dieses ganze Dekozeug, passend zur Jahreszeit. Ich finde Rhythmen gut, aber nicht in dieser althergebrachten Form.

☐ Jahreszeiten und Feste helfen mir dabei, dass ich mich daran erinnern kann, was ich in einem Jahr alles erlebt habe. Zeit bekommt für mich dadurch eine andere Qualität.

☐ _

_ _

Schon Jesus sagt, der Sabbat sei für den Menschen da und nicht umgekehrt (vgl. Markus 2,27). Ohne einen Tag der Ruhe wird der Mensch unmenschlich. Diese Ruhe ist ein Atemholen.

Montag   Dienstag   Mittwoch   Donners

Sieh dir in der Rückschau einmal deine Woche an und trage
hier ein, wann du Zeit zum Atemholen hattest, wann du dir eine
Auszeit, eine Heilige Zeit gegönnt hast. Du kannst auch dazu-
schreiben, was du dann getan hast (falls du etwas getan hast).

Freitag

Samstag

Sonntag

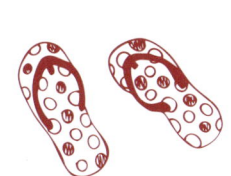

Jeder braucht Räume der Stille, um von sich frei zu werden, um der Welt und der Menschen in ihrem Geheimnis gewahr zu werden. Und nur wenn er um das Geheimnis seines eigenen Lebens und um das Geheimnis seiner Mitmenschen weiß, wird er seine Würde und die Würde der Menschen achten.

HEILIGES TUN

Alle Religionen und Kulturen kennen Rituale, heilige Handlungen, die nach einer festgelegten Ordnung vollzogen werden. Rituale wollen die Tür zum Heiligen aufschließen. Und gerade, indem sie uns diese Tür öffnen, sind sie für uns heilend. Denn wenn wir durch sie ins Heilige eintreten, dann entkommen wir dem Diktat unserer Welt, dann tauchen wir in eine andere Welt ein, die nicht von Profit und Kosten-Nutzen-Rechnung, nicht von Effektivität und Durchschaubarkeit geprägt ist. Diese heilige Welt braucht unsere Seele, um daran zu heilen. Gerade weil das Heilige wie Gott nicht verfügbar ist, ist es für uns heilend, befreiend und bereichernd.

Was sind für dich Rituale?

Bei welchem Tun hast du den Eindruck, dass es eine
heilige Handlung ist?

Weil das Heilige in unseren Alltag
hineinreicht, geht es in einer gesunden
Spiritualität auch darum, den Alltag
zu heilen, etwa bei der Arbeit oder im
Umgang mit Menschen.

Ein heiliges Tun kann daher auch einfach sein, die Dinge, die du im Alltag routinemäßig tust, bewusst zu tun:

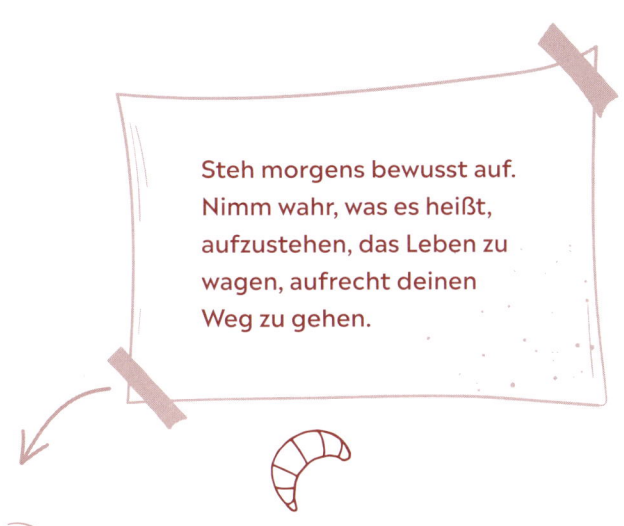

Steh morgens bewusst auf. Nimm wahr, was es heißt, aufzustehen, das Leben zu wagen, aufrecht deinen Weg zu gehen.

✳ Wenn du isst, versuche langsam zu kauen, bewusst zu genießen.

✳ Wenn du gehst, spüre dem Gedanken nach, dass das Gehen Bild deiner menschlichen Existenz ist. Du bist immer auf dem Weg.

✳ Wohin gehst du? Für wen gehst du?

✳ Vielleicht hast du noch andere Ideen, was du in deinem Alltag einmal bewusst und nicht automatisch tun könntest.

Hier ist Platz, um deine Erfahrungen
damit aufzuschreiben.

Gibt es ein Tun, das dir dabei besonders
wichtig, besonders bedeutsam vorkam?

Du kannst nicht immer alles bewusst tun. Aber versuche, ein paar
Handlungen in deinem Alltag zu heiligen Handlungen zu machen,
die du bewusst vollziehst. Dann kann alles zu etwas Heiligem
werden, das dich heilt und dir neue Lebensenergie schenkt.
Jede Handlung kann zu einer heiligen Handlung werden, die uns
den Himmel öffnet und uns daran erinnert, dass Gott bei uns und
in uns ist und mit uns und durch uns handelt.

Es gibt natürlich auch das Gegenteil: Wir stoßen uns an Ritualen, die scheinbar keinen Sinn mehr haben. Natürlich ist es eine Anfrage an uns, ob wir die Rituale auch so vollziehen, dass sie stimmig sind, dass wir ganz in ihnen aufgehen. Wenn wir selbst nicht wissen, was die Rituale bedeuten, wenn wir sie nur wiederholen, weil es immer so war, so werden sie entleert und weder auf uns noch auf andere Menschen eine Wirkung haben.

Gibt es solche Rituale in deinem Leben, die du zwar vollziehst, bei denen du aber immer deutlicher spürst, dass sie dir nichts mehr sagen, in dir nichts mehr bewirken, dich nicht berühren? Schreibe sie hier auf.

Gibt es einen Grund, warum du diese Rituale dennoch beibehältst?

☐ Nein, eigentlich weiß ich nicht, was mich davon abhält, es einfach sein zu lassen.

☐ Ja, die Kinder. Ihnen ist es total wichtig, dass wir das zusammen und genau so immer wieder vollziehen.

☐ Ich fühle mich irgendwie verpflichtet, das zu tun, sonst spüre ich so etwas wie ein schlechtes Gewissen.

☐ Ich finde es aus anderen Gründen wichtig, es trotzdem beizubehalten, auch wenn es mir persönlich nichts mehr sagt.

☐ _____

Vielleicht spürst du, dass du darüber noch ein bisschen nachdenken möchtest. Hier ist Platz für deine Gedanken:

Wenn du das Ritual aus welchen Gründen auch immer beibehalten willst, obwohl es dich persönlich nicht mehr berührt, hilft es manchmal, das Tun noch einmal mit einem neuen Sinn zu versehen. Dazu kannst du einerseits dem Ritual etwas Neues hinzufügen – eine Geste, eine Aktion, vielleicht auch nur einen persönlichen Gedanken – und es so wieder mit Bedeutung für dich aufladen.

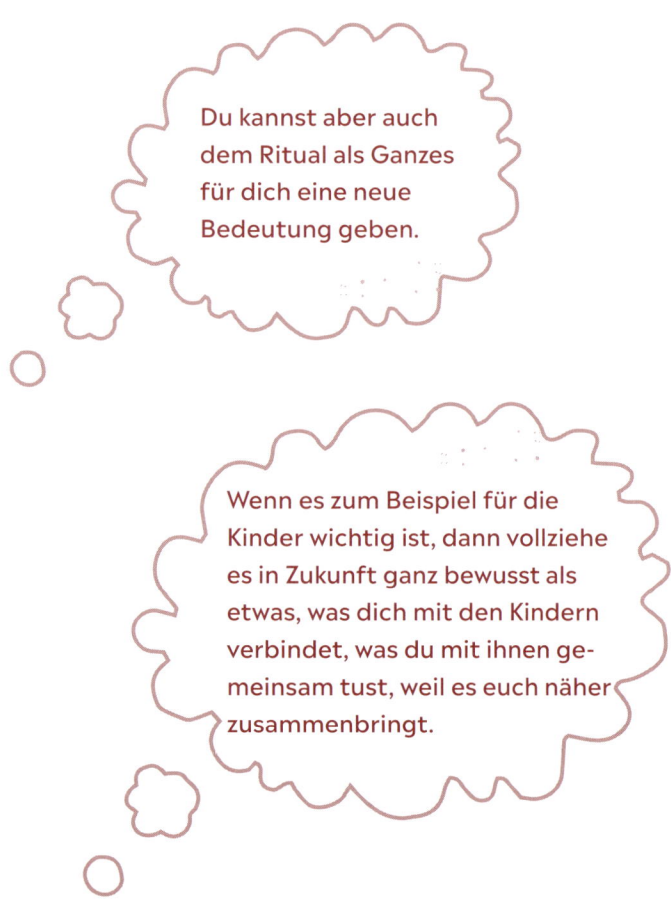

Du kannst aber auch dem Ritual als Ganzes für dich eine neue Bedeutung geben.

Wenn es zum Beispiel für die Kinder wichtig ist, dann vollziehe es in Zukunft ganz bewusst als etwas, was dich mit den Kindern verbindet, was du mit ihnen gemeinsam tust, weil es euch näher zusammenbringt.

Vielleicht hast du eigene Ideen, wie du
Rituale neu »aufladen« kannst, damit sie
für dich wieder Bedeutung bekommen.
Hier ist Platz, um sie aufzuschreiben.

Was ein Ritual als heilige Handlung bedeutet, wird uns in der Geschichte von Jakob vor Augen geführt *(Genesis 28,10–20)*. Er nimmt den Stein, auf dem er geschlafen und von der Himmelsleiter geträumt hat, salbt ihn und stellt ihn als Erinnerungszeichen auf. Im Ritual nehmen wir etwas Irdisches, Handfestes: einen Stein, eine Kerze, Öl, eine Gebärde, ein weltliches Tun. Und dieses Irdische öffnet uns den Himmel. Es wird zum Erinnerungszeichen, dass Gott bei uns ist: »Hier ist nichts anderes als das Haus Gottes und das Tor des Himmels« *(Genesis 28,17)*. So kann jedes Tun zu einer heiligen Handlung werden. Für den einen ist es das morgendliche Duschen, für den anderen ein Waldlauf, für einen dritten die bewusste Feier seines Frühstücks.

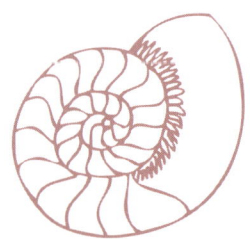

Was könnte dein eigenes, neues Ritual, neues heiliges
Tun sein, das in deinem Leben Bedeutung hat?
Wie könnte es aussehen?

HEILIGE GEGENSTÄNDE

In der Frühzeit gab es viele heilige Gegenstände. Heilige Steine wurden häufig verehrt. Der Stein faszinierte die Menschen. Er drückte Dauer aus und Kraft, Widerstandsfähigkeit und Schwere. Heilige Steine hatten teil an der Macht Gottes. Steine haben Geist und Gefühle der Menschen schon immer sehr stark angezogen. Auch heute üben Steine auf viele Menschen eine eigene Faszination aus. Sie sammeln Steine und bewahren sie daheim auf. Sie erinnern sie an uralte Zeiten, an den Ursprung allen Seins. Und die Steine vermitteln ihnen etwas von der Festigkeit des Seins, von der Kraft Gottes.

Vielleicht hast du auch einen besonderen Stein, der dir etwas bedeutet oder dich an etwas Schönes oder Wichtiges erinnert. Wenn du ihn mit Öl abreibst und an einen besonderen Platz stellst, kannst du dich immer wieder an diesen Moment erinnern, der auch für dich Himmel und Erde verbunden hat.

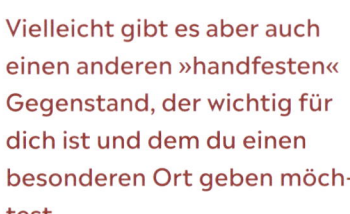

Vielleicht gibt es aber auch einen anderen »handfesten« Gegenstand, der wichtig für dich ist und dem du einen besonderen Ort geben möchtest.

Abt Fidelis berichtete von seinen Besuchen in Peru, dass die Indios ihm zum Abschied heilige Steine mitgaben, die sie zuvor in die Hand genommen und über denen sie gebetet hatten. In den Steinen gaben sie ihm ihre eigenen Gebete mit. Sie waren Zeichen, dass ihr Gebet den Abt überall hin begleiten möge. Im Stein hatte sich ihr Gebet verdichtet, es war konkret geworden, anfassbar. Der Abt meinte, man könne diesen Steinen die Liebe und die Ehrfurcht vor Gott anmerken. Und so trägt der Abt im Stein der Indios etwas Heiliges mit sich. Das schenkt die Gewissheit, dass er nicht allein ist, dass Gott ihn trägt, dass Menschen mit ihrem Gebet an ihn denken und mit ihrem Gebet eine heilende Hülle um ihn schaffen.

Eine wunderschöne Geste –
anderen einen Stein mitzuge-
ben, damit ihn die Gebete oder
guten Wünsche und Gedanken
begleiten. Vielleicht möchtest
du das auch tun?

Du kannst die Steine mit
Öl einreiben oder aber mit
einem spitzen Gegenstand
Worte einritzen, die du den
Menschen mit auf ihren Weg
geben möchtest.

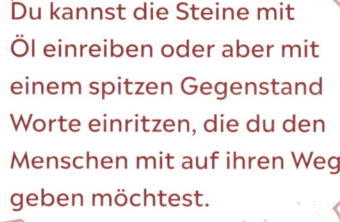

Du kannst den Stein oder die
Steine auch noch in ein kleines
Säckchen stecken, damit sie nicht
verloren gehen.
So wissen die Beschenkten, dass
du an sie denkst und bei ihnen
bist, wo immer sie auch sind.

Bäume waren in vielen Religionen heilig. Der Baum verband Himmel und Erde miteinander. Die Religionsgeschichte kennt Lebensbäume, Bäume der Unsterblichkeit, der Weisheit und Bäume, die die Jugend wiederschenken. Der Laubbaum ist ein Bild von Tod und Wiedergeburt. Der immergrüne Nadelbaum wird zum Sinnbild der Unsterblichkeit.

Gibt es für dich auch eine Baumsorte, die du besonders magst, oder einen konkreten Baum, den du beobachtest oder dir besonders wichtig ist?

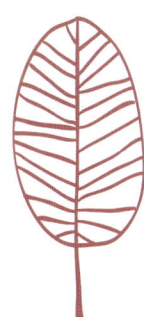

Wenn der Baum für dich ein Symbol ist – für was steht er in deinem Leben?

Viele Menschen sagen, dass sie sich heil fühlen und eins mit der Natur, wenn sie Bäume umarmen. Vielleicht ist das nicht ganz dein Ding.

Dann könntest du dir stattdessen einen Baum suchen, den du immer wieder besuchst. Du kannst dich in seinen Schatten setzen, ihn beobachten, ihn pflegen.

Eine andere Idee, wenn du gerne häkelst oder strickst: Du kannst bunte Tiere oder Muster oder einfach nur einen langen bunten Schlauch herstellen und den Baum damit schmücken oder einen Ast einhüllen. So wird der Baum zu deinem Baum und zu einem Ort, an den du immer wieder gerne kommst, um Kraft zu schöpfen und dich eins zu fühlen mit der Natur, vielleicht auch mit Gott und seiner Schöpfung.

Das Symbol des Lebensbaumes und des Weisheitsbaumes ist für die Christen in das Bild des Kreuzes eingegangen. Das Kreuz wird zum Ort, an dem wir mit dem wahren Leben in Berührung kommen. Am Kreuz wurde der Tod besiegt. Am Kreuz hat Gott Himmel und Erde miteinander versöhnt. Da wurden alle Gegensätze dieser Welt mit Gottes Liebe erfüllt. Und am Kreuz wird Gottes Weisheit offenbar. An ihm wird sichtbar, wie das menschliche Leben gelingt, dass wir durch viele Bedrängnisse zum wahren Leben gelangen.

Viele tragen ein Kreuz an einer Kette um den Hals. Es ist für sie ein Zeichen, dass Christus mit ihnen geht, dass sie geschützt sind vor Unheil und Schaden.

Für viele Menschen ist das Kreuz aber eher ein schwieriges Symbol, weil es erst einmal mit Folter, Sterben und Tod verknüpft ist.

Was bedeutet es für dich?

Andere kaufen Kerzen und stellen sie vor den Marienaltar. Häufig bitten sie sogar darum, dass ihre Kerze geweiht wird, und erhoffen sich davon, dass sie in der Kerze nicht nur das helle und warme Licht sehen, sondern Gottes heilende und liebende Nähe erfahren.

Ich kenne auch viele, die mit Religion wenig am Hut haben, aber in einer Kirche eine Kerze anzünden. Das gibt ihnen die Hoffnung, dass Licht in ihre Konflikte kommt, dass Hoffnung ihre Trauer verwandelt und dass Gott an sie denkt und für ihre unlösbare Situation eine Lösung bereithält. In existenziellen Notzeiten tut es gut, sich vom Heiligen umgeben zu wissen.

Kennst du den Brauch, in der Kirche eine Kerze anzuzünden – entweder für dich selbst und deine Nöte oder für einen anderen Menschen, der dir am Herzen liegt und krank ist oder gerade eine schwere Zeit durchmacht? Wäre das etwas, das du tun möchtest?

Wenn die Kirche sich für dich nicht richtig anfühlt, kannst du auch zu Hause eine Kerze anzünden. Nimm dir Zeit für dich und deine Sorgen oder um an den Menschen zu denken, dem du gerade gerne Kraft und Zuversicht oder eine Lösung zukommen lassen möchtest.

Wenn wir die Zimmer Jugendlicher betrachten, werden wir auf viele heilige Gegenstände stoßen. Aber auch für Erwachsene sind viele Dinge heilig. Da ist ein Bild des verstorbenen Großvaters, seine goldene Uhr, aber auch scheinbar wertlose Gegenstände wie sein Spazierstock, seine Pfeife, sein Taschentuch, sein Hut. Erinnerungsstücke werden zu heiligen Gegenständen.

Schaue dich einmal in deiner Wohnung um. Was hast du da an Gegenständen gesammelt, die dir heilig sind?

Warum sind sie dir heilig? An was erinnern sie dich? Was lösen sie bei dir aus?

Sind dir die Menschen heilig, an die dich die Gegenstände erinnern? Oder die Liebe, mit der dir jemand die Kerze verziert hat oder ein Bild gemalt, ein Geschenk verpackt hat?
Hier ist Platz für deine Gedanken:

Gehe behutsam mit diesen Gegenständen um und spüre die Qualität, die darin steckt. Vielleicht haben diese Dinge für dich eine Aura, die dir guttut, die deine Sehnsucht nach Transzendenz, nach dem Heiligen und Heilen anspricht.

Benedikt von Nursia rät dem Cellerar,
dem Verwalter des Klosters:
»Alle Geräte des Klosters und den
ganzen Besitz betrachte er
wie heilige Altargefäße«.

(RB 31)

Eine kleine Übung für den Tag: Versuche einmal, alles, was du in die Hand nimmst, bewusst zu spüren, die Qualität wahrzunehmen, das Einmalige, Schöne darin zu ertasten, zu sehen. Dann ahnst du, dass jeder Gegenstand heilig ist, dass er von Gott geformt worden ist oder von Menschen, die ihre Intelligenz, aber auch ihre Liebe in ihn hineingelegt haben.

Du wirst deinen Computer anders erleben. Du wirst die Kostbarkeit eines Buches spüren. Du wirst vielleicht auch den Suppenteller, den Topf anders wahrnehmen – vielleicht mit mehr Achtung und weniger Selbstverständlichkeit.

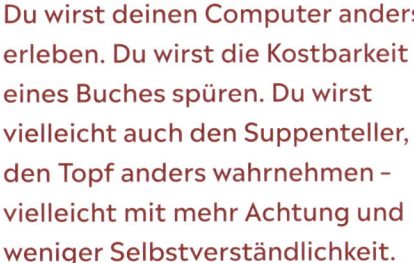

HEILIGE MENSCHEN

In der Frühzeit waren es ganz bestimmte Menschen, die zu heiligen Personen wurden: PriesterInnen, SchamanInnen, Medizinmänner und -frauen, ProphetInnen. Auch heute gibt es das Bedürfnis nach Heiligen. Es sind aber nicht mehr unbedingt Menschen, die eine bestimmte Funktion haben, sondern denen man in ihrer persönlichen Ausstrahlung das Heilige ansieht. Wenn man mit ihnen spricht, hat man den Eindruck, dass sie nicht nur eine tiefe Lebensweisheit haben, sondern dass sie etwas Heiliges ausstrahlen, weil sie dem Heiligen begegnet sind.

Welche Personen sind für dich heilig? Was strahlen sie aus?
Was sprechen sie in dir an? Wie geht es dir, wenn du mit
ihnen zusammen bist oder an sie denkst?

Schreibe die Namen der Menschen, die dich faszinieren, hier auf. Und dann schreibe zu jedem Menschen die Eigenschaft, die dich am meisten an ihm beeindruckt.

{ NAME }

⟨ EIGENSCHAFT ⟩

Für Menschen, die von anderen zu »Heiligen« gemacht werden, ist es eine große Gefahr, dass sie sich mit der Projektion identifizieren, die auf sie geworfen wird. Die wirklichen Heiligen haben sich immer als Sünder gefühlt. Das war für sie keine übertriebene Demut, sondern ein Schutz, um sich nicht von den Projektionen der anderen in eine Scheinwelt verführen zu lassen. Die Heiligen gaben sich nicht den Schein des Heiligen. Sie wurden heilig, weil sie ihre ganze Wirklichkeit, mit allen Höhen und Tiefen, mit allen Licht- und Schattenseiten Gott hingehalten haben, damit er sie heilt und verwandelt.

Was macht die Menschen, die du als »deine Heiligen«
aufgeschrieben hast, zu »echten« Heiligen in diesem Sinn?
Kennst du auch ihre Schattenseiten?

Heilig sein heißt nicht,
dass jemand moralisch perfekter
oder hochstehender ist als andere.
Heilig meint vielmehr,
dass einer von Gott berührt wird,
von Gottes Geist erfüllt.
Und heilig heißt,
dass er aus dieser Welt ausgegrenzt ist,
dass er der Herrschaft
dieser Welt entzogen ist.

Wir haben in uns etwas Heiliges, das dem Zugriff der Welt entzogen ist. Wenn wir uns dessen bewusst werden, tut es uns gut. Es befreit uns von der tyrannischen Herrschaft dieser Welt und ihrer Maßstäbe. Wir haben in uns noch etwas anderes, etwas Heiliges, Heiles, etwas Unantastbares. Wir tragen in uns das innere Heiligtum, in dem Gott selbst bei uns Wohnung genommen hat (vgl. *Johannes 14,23)*.

Wenn in jedem Menschen etwas Heiliges ist, dann gilt das auch für uns selbst. Nimm dich selbst wahr. Spüre deinen Leib. Er ist »ein Tempel des Heiligen Geistes«, so sagt uns die Bibel. Gehe ehrfürchtig mit deinem Leib um. Achte auf dich selbst.

Setzt dich an einen ruhigen Ort und stell dir vor, dass du in dir etwas Heiliges trägst, etwas Geheimnisvolles, das dich übersteigt. Spüre dem Ort dieses Heiligen in dir nach.
Schau dich bei nächster Gelegenheit mit diesem Wissen im Spiegel an. Hat sich etwas an deinem Blick auf dich selbst verändert?

Würdige dich, sei gut zu dir, achte auf das Heilige in dir, auf das Geheimnis, das du bist.

Der Atem ist in der Bibel ein Bild für den Heiligen Geist. Spüre bewusst deinen Atem. In deinem Atem kannst du das Heilige in dich einströmen lassen, sodass alles in dir vom Heiligen berührt und durchdrungen ist.

Wenn das stimmt, wie
erlebst du dich dann?

Der heilige Benedikt ermahnt seine Mönche, dass sie in jedem Bruder und jeder Schwester Christus sehen sollen. Wenn wir den anderen nicht festlegen auf seine Fehler, sondern das Heilige in ihm sehen, Christus in ihm erkennen, dann werden wir anders mit ihm umgehen. Wir werden an das Gute in ihm glauben und ihm etwas zutrauen.

Wenn wir das Gute in ihm sehen, wird er sich selbst auch mit anderen Augen anschauen. Er wird sich nicht verurteilen wegen seiner Fehler, sondern daran glauben, dass in ihm trotzdem ein heiliger und heiler Kern ist. Er wird sich selbst nicht aufgeben, sondern immer wieder von Neuem beginnen.

Versuche heute die Menschen, denen du begegnest, bewusst mit anderen Augen zu sehen, daran zu glauben, dass in jedem Christus ist, dass in jedem etwas Heiliges ist, das geschützt werden muss. Versuche nicht, in sie einzudringen und sie zu bewerten, sondern lasse sie so sein, wie sie sind.

Wie geht es dir mit diesen Menschen, wenn du sie einmal auf diese Weise betrachtest?

Kannst du jetzt anders mit ihnen umgehen oder verhalten sie sich auf einmal anders?

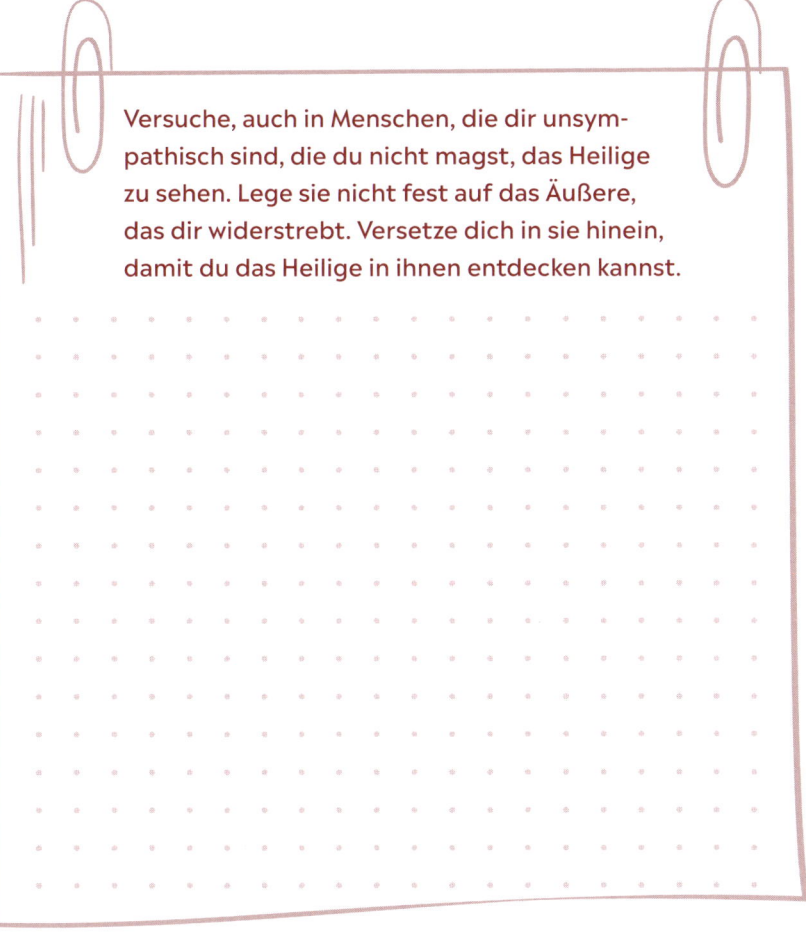

Versuche, auch in Menschen, die dir unsympathisch sind, die du nicht magst, das Heilige zu sehen. Lege sie nicht fest auf das Äußere, das dir widerstrebt. Versetze dich in sie hinein, damit du das Heilige in ihnen entdecken kannst.

Gelingt es dir, sie beim nächsten Treffen mit anderen Augen zu sehen, anders mit ihnen umzugehen?
Niemand hat gesagt, dass das einfach ist! 😉

Stell dir Menschen vor, die dir Böses getan, die dich verletzt haben. Gelingt es dir, auch in ihnen etwas Heiliges zu sehen? Verändert dieser Blick deine Beziehung zu ihnen?

DIE GEMEINSCHAFT UND DAS HEILIGE

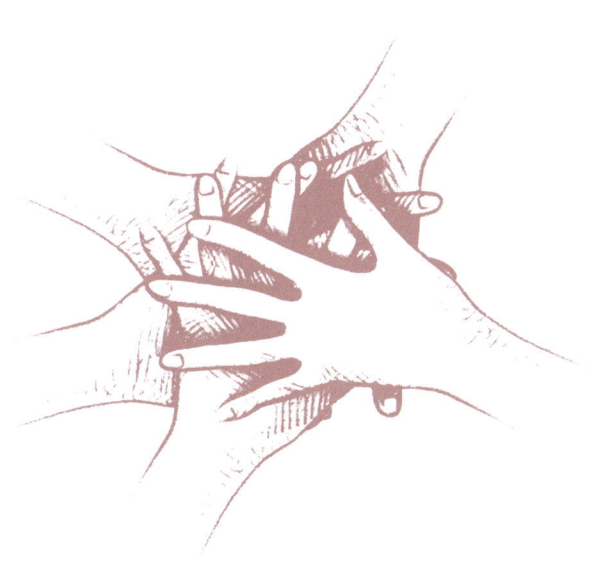

Es sind nicht nur einzelne Menschen, bei denen man das Heilige spürt. Oft sind es auch Gemeinschaften. Manche Menschen fühlen, dass bestimmte Gemeinschaften eine Ausstrahlung haben, die ihnen guttut. Natürlich gibt es da auch Projektionen und Enttäuschungen. Denn keine Gemeinschaft ist nur heilig. Sie ist auch geprägt von Schattenseiten und von banaler Durchschnittlichkeit. Aber viele, die beispielsweise zu uns ins Gästehaus kommen oder »Kloster auf Zeit« bei uns erleben, schreiben davon, dass sie bei uns etwas Heilendes gespürt haben.

Hast du etwas Ähnliches schon einmal erfahren? Vielleicht auch bei einem Klosteraufenthalt, einer (Pilger)Wanderung, einem Wochenendkurs? Was war das »Heilige«, das du in der Gruppe spüren konntest? Gibt es dafür Worte?

Jeder Gruppe ist etwas heilig,
etwas, das für alle tabu ist.
Das muss jeder achten.
Das ist die oft genug unbewusste
Voraussetzung, von der jeder ausgeht.
Es ist etwas, über das man nicht
miteinander diskutiert.

Schau dir einmal die Gruppen an, in denen du lebst: Vereins-
und Arbeitskollegen, Familie, Ehrenamtliche, Freizeitgruppen,
Freundeskreis ... Kannst du etwas Heiliges entdecken, das euch
zusammenhält?

Was sind die gemeinsamen Ideale, die ihr schätzt? Habt ihr
gemeinsame Träume? Welche gemeinsamen Erinnerungen
sind für dich eine Quelle des Lebens und des Zusammenhalts?

Auch in der Partnerschaft erfahren Menschen, dass das Heilige sie bindet. Für viele ist es das Heilige, das sie in ihrer Liebe erfahren haben. Ihre Liebe ist mehr als die Gefühle, die sie füreinander haben. Sie haben darin immer wieder etwas berührt, was sie übersteigt, was sie nicht mehr benennen können. Das zeigt ihnen, dass ihre Liebe der Ort ist, an dem sie Gott erfahren dürfen, an dem sie das Heilige erleben. Es gibt ihnen das Gefühl, dass ihre Liebe etwas Kostbares, etwas Heiliges ist, mit dem sie achtsam und ehrfürchtig umgehen.

Was ist die Mitte deiner Beziehung, vielleicht auch deiner Familie, das Band, das euch zusammenhält?

Was ist euch heilig? Gibt es etwas, was ihr gemeinsam schützt, was nicht angetastet werden darf?

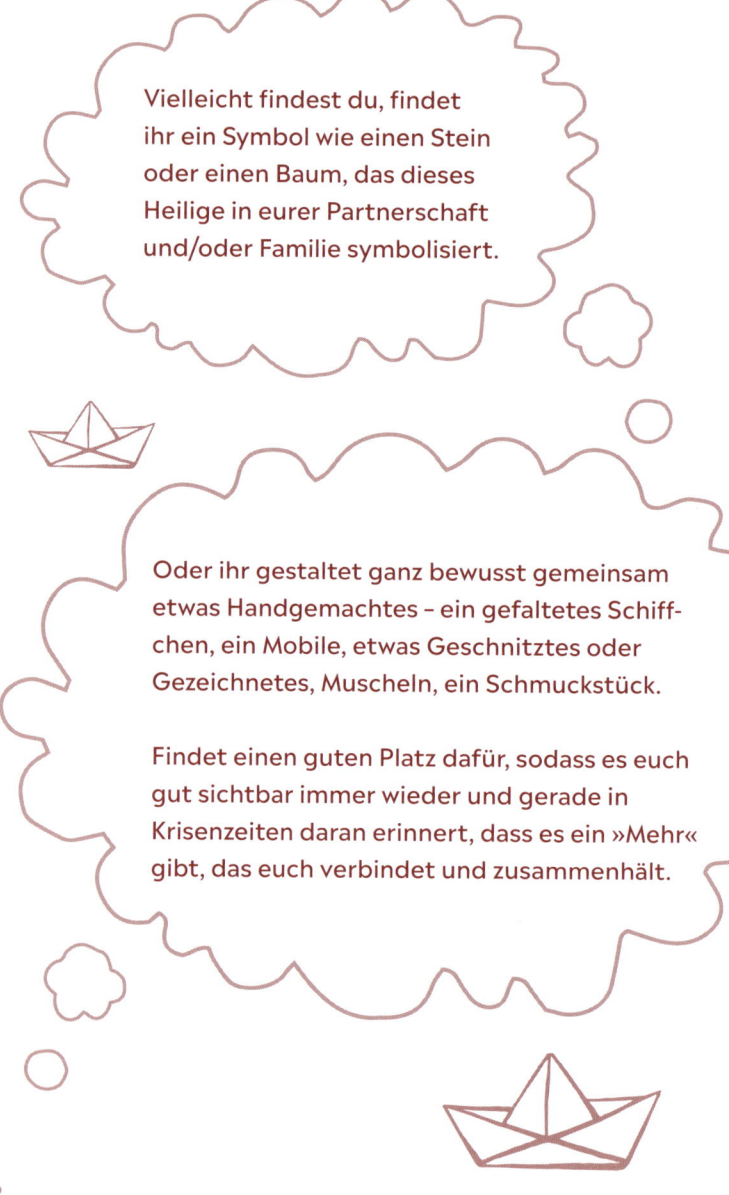

Vielleicht findest du, findet ihr ein Symbol wie einen Stein oder einen Baum, das dieses Heilige in eurer Partnerschaft und/oder Familie symbolisiert.

Oder ihr gestaltet ganz bewusst gemeinsam etwas Handgemachtes – ein gefaltetes Schiffchen, ein Mobile, etwas Geschnitztes oder Gezeichnetes, Muscheln, ein Schmuckstück.

Findet einen guten Platz dafür, sodass es euch gut sichtbar immer wieder und gerade in Krisenzeiten daran erinnert, dass es ein »Mehr« gibt, das euch verbindet und zusammenhält.

Lance Secretan, ein Unternehmensberater, versteht unter Heiligtum einen Raum, in dem die Seele beflügelt wird und aufblüht, in dem Kreativität und Fantasie das Miteinander und das Arbeiten prägen. Auch ein Unternehmen braucht offensichtlich etwas Heiliges, etwas, was ihm heilig ist, etwas, was das Streben nach Gewinn relativiert. Das Heilige lässt die Seele atmen und schafft einen Raum, in dem sich der Einzelne geachtet fühlt. Es verbindet die Menschen mehr als der gemeinsame Gewinn. Es schafft ein Klima der Freiheit, der Lust an der Arbeit und der Freude am Austausch, das die Menschen zu neuen Ufern führt.

Kennst du etwas Ähnliches aus deinem Unternehmen, dem Kollegenkreis?

Spürst du etwas Heiliges bei deiner Arbeit oder in den Dingen, die du schaffst?

HEILIGE WERTE

Heute wird vielerorts ein Werteverlust beklagt. Die alten Werte wie Wahrheit, Gerechtigkeit, Liebe, Güte und Solidarität hätten keine Geltung mehr. Sie wären den Menschen nicht mehr heilig. Doch wenn wir genauer hinsehen, so dürfen wir nicht von Werteverlust, sondern nur vom Wertewandel sprechen. Die Werte, die den Menschen heute heilig sind, haben sich gegenüber früheren Zeiten gewandelt. Statt pauschal über den Werteverlust zu jammern, wäre es angemessener, nach den Werten zu suchen, die heute den Menschen heilig sind.

Was sind für dich heilige Werte? Welche Werte möchtest du auf keinen Fall verlieren? Für welche Werte lohnt es sich deiner Meinung nach, sich einzusetzen?

Das Heilige ist für uns Menschen immer auch das, was uns wichtig ist. Und es drückt etwas aus, für das es sich lohnt zu leben. Das Heilige ist größer als wir selbst. Wir erwarten vom Heiligen Halt, Geborgenheit, Klärung des eigenen Lebens. Für die meisten sind durchaus traditionelle Werte wie Vertrauen, Liebe, Freiheit, Zuverlässigkeit, Ehrlichkeit heilig. An diesen Werten wollen sie nicht rütteln. Denn sie spüren, dass es ohne Ehrlichkeit und Zuverlässigkeit und Liebe keine Freundschaft gibt. Ohne diese Werte kann man in der Familie nicht leben, kann man überhaupt nicht existieren.

Ich habe Werte mit Engeln in Beziehung gebracht. Der Engel ist für mich ein Bild dafür, dass ich diesen Wert nicht aus eigener Kraft in mir schaffen muss. Vielmehr führt mich ein Engel in diesen Wert, in diese Tugend ein. Und wenn der Engel mich in diese Haltung einweist, dann geht es mir besser. Dann kann ich anders leben. Mein Leben wird bunter, vielfältiger. Es hat teil am Heiligen. Es wird heil und ganz.

Wenn
du dir einen
solchen Engel
wünschen dürftest,
welcher wäre es?
Der Engel der Liebe?
Der Engel der Hoffnung, der
Achtsamkeit, der Toleranz,
der Gerechtigkeit?

Vielleicht kannst du den Begriff noch etwas mit Inhalt füllen.

Loslassen

Innig

Einlassen

Beschützen

Energie

Abraham Maslow, ein amerikanischer Psychologe, geht davon aus, dass der Mensch sogenannte Seins-Werte hat. Dazu zählt er das Wahre, Gute und Schöne, die Gerechtigkeit, Vollkommenheit und die Liebe. Wenn der Mensch diese Werte nicht berücksichtigt, wird er krank. Maslow weiß, dass der Mensch heilige Werte braucht, um sein Menschsein authentisch zu leben. Sie gehören zu seinem Wesen genauso wie die vitalen Bedürfnisse von Hunger, Durst und Sexualität. Wenn der Mensch diese Werte als heilig und unantastbar anerkennt und ihnen dient, gewinnt sein Leben eine neue Tiefendimension. Er wird entfalten, wozu er berufen ist. Er wird wahrhaft Mensch.

Hast du schon einmal erfahren, dass der Einsatz für das Gute und Wahre, für Gerechtigkeit und Liebe dich innerlich beglückt hat?

Gibt es noch andere »Seins-Werte«, die für dich wichtig sind?

DAS HEILIGE HEILT

In der Geschichte der Medizin standen »Heilen« und »Heiligen« in engem Zusammenhang. Bei den Griechen musste der Arzt das Heilige berücksichtigen, um heilen zu können. Der Zentralsatz des hippokratischen Eides lautete: »Rein und heilig will ich mein Leben und meine Kunst bewahren.« Der Arzt, der sich durch Übertretung seines Eides entheiligt, wird damit unfähig zur Heilung.

Gibt es in dir Narben, Verletzungen, die noch nicht verheilt sind? Oder fühlst du dich aktuell von anderen ausgegrenzt, angegriffen, von deinen Sorgen belastet oder von Erwartungen – eigenen oder fremden – niedergedrückt? Schreibe alles hier auf.

Schau noch einmal auf die Übung von S. 19. Versuche, in deinen inneren Raum der Stille zu gelangen. Nun bedenke all das, was dich im Moment quält oder wo du dich verletzt fühlst. Spürst du, dass dich all das hier in deinem Raum der Stille nicht erreichen kann? Spürst du, dass du heil und ganz, geschützt vor all dem bist?

Selbst wenn es dir beim ersten Mal nicht gelingt: Bleibe in der Übung und spüre diesem heilen Raum in dir nach. Versuche, dich in schwierigen Situationen, die dich belasten oder verletzen, hierhin zurückzuziehen und so immer mehr heil zu werden oder zu bleiben.

Dort, wo der Heilige oder das Heilige im Menschen wohnt, ist er schon heil und ganz. Dort ist er ganz er selbst. Dort haben krankmachende Gedanken und destruktive Lebensmuster keinen Zutritt. Dieser innere Ort ist unerreichbar für die Erwartungen und Ansprüche, die Urteile und Verurteilungen der Menschen. In diesem Raum kann uns niemand verletzen. Dort sind wir vom Heiligen geschützt. Dort hat sich das Heilige um unser wahres Selbst wie ein Schutzmantel gelegt. Dort, wo das Heilige in uns ist, geschieht wahre Heilung. Denn nur das Heilige heilt wirklich.

1. Auflage 2019
© Vier-Türme GmbH, Verlag,
Münsterschwarzach 2019
Alle Rechte vorbehalten

Lektorat: Marlene Fritsch
Gestaltung: wunderlichundweigand
Covermotiv: © mckenna71/shutterstock.com
& © marish/shutterstock.com
Motive im Innenteil: © shutterstock.com
Druck und Bindung: Graspo CZ a.s., Zlín
ISBN 978-3-7365-0274-1

www.vier-tuerme-verlag.de

Das Buch zum Taschenseminar

Anselm Grün
Entdecke das Heilige in dir

Münsterschwarzacher Kleinschriften, Band 128
93 Seiten, Taschenbuch, 10,5 x 18,5 cm
ISBN 978-3-87868-628-6

Wie die Engel, so übt auch das Heilige eine große Faszination aus. Aber das Heilige ist heute auch oft bedroht. Anselm Grün findet aus diesem Dilemma eine erlösende Wendung: Das Heilige schützt die Menschen, so lange sie das Heilige schützen. Ob Räume der Stille, das gemeinsame Familienfrühstück am Wochenende oder die gerahmte Photographie der Großmutter – jeder braucht Orte, Rituale und Dinge, die ihn über die Enge des Alltags hinausweisen.

www.vier-tuerme-verlag.de